AF200258

Anonymous

# Über Gefängniswesen und Fürsorge für entlassene Strafgefangene

Anonymous

**Über Gefängniswesen und Fürsorge für entlassene Strafgefangene**

ISBN/EAN: 9783743622159

Hergestellt in Europa, USA, Kanada, Australien, Japan

Cover: Foto ©Suzi / pixelio.de

Weitere Bücher finden Sie auf **www.hansebooks.com**

# Über

# Gefängniswesen und Fürsorge

### für

## entlassene Strafgefangene.

## Vortrag

gehalten im Stuttgarter Frauenverein

von

### Pfarrer Wagner,

evangelischem Hausgeistlichen an der Strafanstalt Gotteszell.

— ❯●❮ —

Stuttgart, 18.

# Hochverehrte Versammlung!

Jeder Gefängnisgeistliche, aber nicht bloß der Geistliche, sondern alle diejenigen, deren Beruf es ist, an den
Gefangenen zu arbeiten oder den Gefangenen nachzugehen, wird mit Freuden es begrüßen, wenn auch in
weiteren Kreisen Verständnis und Teilnahme sich finden
für den eigentümlichen Lebenskreis, in dem wir mitten
drin stehen, Verständnis für Gefängniswesen im allgemeinen, Teilnahme und Erbarmen für die entlassenen
Gefangenen insbesondere; wenn Helfer und Helferinnen
sich finden, welche mit uns trauern über die Schäden
des Volkes, mit uns sich besinnen, ob und wo und wie
geholfen werden könnte, und mit uns Hand anlegen,
um insbesondere den Entlassenen den Weg ins Leben
hinein wieder zu bahnen. Nicht ungern folge ich daher
der an mich ergangenen Aufforderung, hier in dieser
Versammlung über Gefängniswesen und Fürsorge für
entlassene Strafgefangene zu reden, und würde mich herzlich freuen, wenn es mir gelänge, Verständnis und Teilnahme für dieses wichtige Gebiet unseres Volkslebens
ein wenig zu fördern. Zu diesem Zwecke lade ich denn
die verehrten Anwesenden ein, mit mir im Geiste zunächst
einen Besuch in der Strafanstalt zu Gotteszell und im
Zusammenhang damit einige kleine Exkurse in verschiedene
Gebiete des Gefängniswesens zu machen.

## I.

### Gotteszell.

Nicht weit draußen vor der alten Reichsstadt Gmünd, etwa 7 Minuten von den letzten Häusern entfernt, hart an der Bahnlinie in der Richtung nach Aalen hin, liegt ein ansehnlicher Häuserkomplex von einer 2 m hohen Mauer umgeben, welcher von oben her angesehen einen recht freundlichen Eindruck macht: es ist die Weiberstraf-anstalt Gotteszell. Von außen merkt man wenig davon, daß hier eine Strafanstalt vor uns liegt. Gegen die Straße hin sind die Wohnungen der Beamten, des Vor-standes der Anstalt, des Hausgeistlichen und des Buch-halters gebaut, und diese verdecken so ziemlich die eigent-lichen Anstaltsgebäude. Treten wir durch das hohe eiserne Thor, das unter der Pfarrwohnung ins Innere hinein-führt, so kommen wir zunächst in einen großen freund-lichen Hof, der sich mit seinen Rasenbeeten, seinen Zier-sträuchern, Syringen und anderen Bäumen und den gelben Sandwegen, von denen er durchschnitten ist, fast parkartig ausnimmt. Über dem Hof drüben steht das eigentliche Anstaltsgebäude, links von der Wohnung des Hausmeisters, rechts von der turmlosen Anstaltskirche flankiert. Von vorne bietet es eine geradlinige Fronte, nach hinten wird der Bau komplizierter und zieht sich, dem früheren Kreuzgang folgend, im Viereck um einen kleinen inneren Hof herum. Früher war nämlich Gottes-zell ein Frauenkloster, das nach der Ordnung des h. Domi-nikus eingerichtet war. Nachdem Gmünd im Jahr 1803 württembergisch geworden war, wurde das Kloster seku-larisiert. Am 31. Mai 1808 zogen die frommen Frauen im weißen Gewand und schwarzen Schleier aus, es waren ihrer noch 22; und bereits am 30. August zogen die ersten Gefangenen ein. Nachdem die Anstalt ver= schiedene Phasen durchgemacht hatte, wurde sie im Jahr 1874 reine Weiberanstalt. Wo früher weltmilde Frauen und Jungfrauen ihrem Gott lebten und dienten, frei= willig der Welt entfliehend, da wohnen jetzt wieder Frauen, welche die Welt von sich ausgestoßen, die ärmsten und bejammernswürdigsten, aber auch die verworfensten und schändlichsten Glieder der Frauenwelt unsers Landes. Und zwar sind hier die gefangenen Frauen und Mädchen von ganz Württemberg zusammengedrängt, vom 12 jähri= gen Mägblein an bis hinauf zur hochbetagten Greisin, welche hier langsam dem Tod entgegenwankt, der auch ihr die eisernen Thore aufschließt und sie hinausführt vor den lichtstrahlenden Richterthron, wo jeder Prozeß zum letztenmal und endgültig revidiert wird, und das Urteil lautet auf ewige Verdammnis oder aber, wir hoffen auch das von einer Anzahl unserer Gefangenen, auf Leben und Seligkeit.

Diese Gefangenen sind nun, den Bestimmungen des Strafgesetzbuches entsprechend, in verschiedene Klassen ab= geteilt. Das Gesetz unterscheidet, was die Schwere der Verfehlung anbelangt, dreierlei Arten oder Stufen von Gesetzesübertretung: die mildeste Form ist die Übertretung, die schwerere das Vergehen, die schwerste das Verbrechen. Übertretungen werden gestraft mit Haft von 1 Tag bis zu 6 Wochen, das Vergehen mit Gefängnis ebenfalls von 1 Tag bis zu 5 Jahren, das Verbrechen mit Zucht= haus von 1 Jahr bis zu lebenslänglichem Zuchthaus. Übertretungen und leichtere Vergehen mit einer Strafe von weniger als 30 Tagen werden in den Gefäng= nissen der Amtsgerichte und Landgerichte abgebüßt; alle Strafen aber von 30 Tagen und darüber führen nach

Gotteszell. Infolge dessen kommen auch viele Gefangene wegen bloßer Übertretungen, Bettels, Landstreicherei, gewerbsmäßiger Unzucht, Widerstands gegen die Obrigkeit (Schutzmänner und Polizeidiener u. s. w.) nach Gotteszell. Im letzten Jahr vom 1. April 1886/87 betrug die Zahl der neueingelieferten Gefangenen 410. Im Jahr 1873/74, wo Gotteszell zum erstenmal als eine Weiberstrafanstalt erscheint, waren es 337. Von dort an stieg die Zahl, bis sie im Jahr 1880|81 mit 518 Gefangenen ihren Höhepunkt erreichte. Von April 1882 an geht es stätig abwärts, und jetzt sind wir an der Zahl 410 angelangt.

Die jährliche Mittelzahl — welche gefunden wird, wenn man den Gefangenenstand von sämtlichen Tagen des Jahres addiert und dann mit 365 dividiert — betrug im Jahr 1873/74 erst 246. Von da stieg diese Zahl jährlich um 4%, bis sie im Jahre 1883/84 ihren Höhepunkt erreichte mit 335 Gefangenen. Von dort nahm sie ebenfalls langsam wieder ab, jährlich um 2% und stand im vorigen Jahr auf 313. Einen ganz auffallenden Sprung nach rückwärts hat die Mittelzahl im vorigen Jahr gemacht, indem sie zurückging auf 278.

Wie dieser Rückgang, der unter allen Umständen erfreulich bleibt, zu erklären sei, läßt sich nicht so leicht sagen. Sofort den Schluß zu ziehen, daß die Volksmoralität nun wieder anfange sich zu heben, wäre gewagt. Es giebt noch andere Erklärungsgründe. Ein Sinken des Gefangenenstandes würde z. B. eintreten, wenn die Gerichtshöfe allgemein und stätig zu den niedrigeren und niedrigsten Strafmaßen griffen. Es ist auch die Behauptung schon aufgestellt worden, daß das zeitliche oder lokale Heruntersinken der Gefangenenzahl auf diese Weise erklärt werden müsse.

Es würde, wenn das wirklich der Fall wäre, daß die Gerichte im allgemeinen zu niedrigeren Strafmaßen griffen als früher, zweierlei daraus folgen, einmal, daß viele Verurteilte ihre Strafe nicht mehr in den Strafanstalten, sondern in den kleineren Gefängnissen abbüßen, und sodann, daß für die Insassen der Strafanstalten die Strafzeit kürzer, der Wechsel schneller und daher der Präsenzstand merklich kleiner wäre. Wenn diese Erklärung mehr sein soll als eine bloße wohlfeile Hypothese, wenn man sich darüber klar werden will, ob wirklich die Übertretungen der Gesetze im Abnehmen begriffen sind, oder ob nur die Urteile milder, insbesondere die Strafzeiten kürzer geworden sind, dann müßte statistisch festgestellt werden

1. die Zahl der zur Anklage gekommenen Gesetzesübertretungen der letzten Jahre überhaupt im Verhältnis zu den Zahlen früherer Jahre, .

2. die Zahl sämtlicher Verurteilungen der letzten Jahre im Verhältnis zu den Verurteilungen früherer Jahre,

3. der Durchschnittsbetrag der von den Gerichten verhängten Strafzeiten im Vergleich mit den durchschnittlichen Strafzeiten früherer Jahre; und zwar müßte diese Berechnung für die einzelnen Hauptkategorien der Verbrechen besonders durchgeführt werden, so daß ersichtlich wäre: welches ist z. B. die mittlere Strafzeit für eine Kindstötung jetzt und früher? was ist und war die mittlere Strafzeit für Diebstahl u. s. w.? .

Eine derartige Untersuchung ist aber außerordentlich schwierig und liegt überdies außerhalb des Zweckes meines heutigen Vortrags.

Wie schon bemerkt, sind in Gotteszell die Gefangenen des ganzen Landes vereinigt, und zerfallen dieselben in drei Abteilungen, nämlich jugendliche Gefangene vom 12.

bis 18. Jahr, Landesgefangene vom 18. Jahre an durch
alle Altersstufen hindurch, und endlich Zuchthausgefangene
ebenfalls vom 18. Jahr an. Die einzelnen Abteilungen
sind streng von einander geschieden. Unten zu ebener
Erde sind die Räume für das Landesgefängnis, im ersten
Stock die Zuchthausgefangenen, und oben im zweiten Stock
die jugendlichen Gefangenen. Diese alle sind nun in
gemeinschaftlichen Räumen untergebracht, 10—20 Gefangene in Einem Saal, bei Tag im gemeinschaftlichen
Arbeitssaal, bei Nacht im gemeinschaftlichen Schlafsaal.
Außerdem giebt es noch einen großen Saal, der bisweilen von 70 und mehr Gefangenen bevölkert ist. Dieser
Saal ist gleichsam die große Pfütze, in welcher die Dirnen,
Kupplerinnen und habituellen Verbrecherinnen, kurz der
eigentliche Auswurf des Landes, zusammengedrängt sind.

Diese Menschen werden nun auf verschiedene Weise
beschäftigt, die Mehrzahl mit Anfertigung von Aussteuern,
Herrenhemden, Stricken von Kittelchen, Strümpfen, Puls-
wärmern u. dergl., Nähen von Teppichen und Kouverten;
und es ist den verehrten Damen wohl nicht unbekannt,
daß zum Teil prachtvolle Sachen in Näh- und Stick-
arbeiten zu relativ sehr billigen Preisen geliefert werden.
Andere Gefangene sind beschäftigt mit Polierarbeiten,
Nähen von Schäften für einen Schuhwarenfabrikanten,
Korsettnähen, Papiersortieren, Federlesen und Arbeiten
fürs eigene Haus. Je nach ihrer geschäftlichen Tüchtig-
keit und Brauchbarkeit werden die Gefangenen auf die
einzelnen Gefängnislokale verteilt. Soweit diese geschäftlichen Rücksichten es erlauben, greifen bei der Zusammen=
stellung der Gefangenen auch noch andere Merkmale
Platz, Alter, Art des Verbrechens, der höhere oder tiefere
Grad moralischer Verkommenheit. So würden Sie in
einem Zimmer ältere Frauen finden, in einem andern

zumeist Kindsmörderinnen, dort solche, die zu lebensläng-
lichem Zuchthaus begnadigt sind, und hier ungeschickte
Personen, die man nur zu den einfachsten Dienstleistungen,
Papierlesen, Federlesen oder Säckeflicken brauchen kann.
Rein durchgeführt ist diese Klassifikation nirgends, ein
Motiv durchbricht immer wieder das andere.

Wir haben also in Gotteszell das, was man Kollektivhaft heißt, ein Gefängnissystem, dessen Unzulänglichkeit
allgemein anerkannt ist, und das den neueren Anforderungen der Gefängniskunde durchaus nicht entspricht.
Die Schuld daran liegt teils an der baulichen Anlage
und räumlichen Beschränktheit unserer Anstalt, welche
eine Umwandelung in ein den neueren Forderungen der
Gefängniskunde entsprechendes Gefängnis kaum gestatten
dürfte, und zugleich in der allgemeinen Finanzlage des
Staats, der alle Auslagen, welche vermieden werden
können, insbesondere kostspielige Bauten von sich abweisen
muß. Übrigens halte ich es nicht für unmöglich, solche
bauliche Veränderungen anzubringen, durch welche eine
genügende Anzahl von Einzelzellen hergestellt würde, um
wenigstens den schreiendsten Übeln der Gemeinschaftshaft
ein Ende zu bereiten.

## II.
## Geschichte des Gefängniswesens.

Wenn ich vorhin davon geredet habe, daß das in
Gotteszell durchgeführte Gefängnissystem ein veraltetes
sei, so dürfte es wohl nicht ganz überflüssig sein, bei
dieser Gelegenheit einen kurzen Überblick zu geben über
die Geschichte des Gefängniswesens überhaupt, über die
im Laufe der Zeit aufgetauchten Gefängnissysteme und
über den gegenwärtigen Stand der Gefängnisfrage. Ich

hoffe, indem ich mich über diese Fragen etwas verbreite, mich nicht dem Vorwurf auszusetzen, daß ich da von Dingen rede, die jedermann längst bekannt und geläufig seien. Ich habe im Gegenteil schon öfters gefunden, daß Gefängniskunde ein Gebiet ist, das auch der gebildeten Welt so fremd ist, als das Festland am Südpol. Die nun folgenden geschichtlichen Ausführungen sind entnommen aus: Bär, die Gefängnisse, Strafanstalten und Strafsysteme; v. Holtzendorff, Gefängniswesen (in Meyers Konversationslexikon) und verschiedenen Heften der Blätter für Gefängniskunde, Organ des Vereins der deutschen Strafanstaltsbeamten.

Gefängnisse in modernem Sinn, d. h. Strafanstalten, in welchen Vergehen und Verbrechen durch Entziehung von Freiheit abgebüßt werden, gab es in der alten Zeit und im Mittelalter nicht. Erst seit dem Ende des vorigen Jahrhunders fing man an, Freiheitsentziehung als hauptsächlichstes Strafmittel zu verwenden; und jetzt sind wir so weit gekommen, daß unsere Gesetzgebung abgesehen von Geldstrafen und der auf wenige Fälle eingeschränkten Todesstrafe, gar keine andere Strafe mehr kennt. Die Lehre von der alleinseligmachenden Kraft der Freiheitsstrafen ist jetzt zum unanfechtbaren Dogma unserer Justiz geworden. An sich war freilich der Gedanke, die Gesetzesübertreter mit Entziehung der Freiheit zu strafen, ein wesentlicher Fortschritt und eine bedeutende Errungenschaft der neueren Zeit. Früher, bis ins sechszehnte Jahrhundert hinein, waren die gewöhnlichen Strafen Todesstrafe, Verstümmelung des Leibes, Prügel, Staupbesen, Schandpfahl, Ausweisung aus den Grenzen, Verbannung, Geldstrafen. Letztere konnte man bei Armen nicht anwenden, und doch sind die meisten Gesetzesübertreter arme und geringe Leute; Schläge,

Schandpfahl, selbst der Galgen, versagten bisweilen ihre
Wirkung, und man begann zu fühlen, daß dieses ewige
Prügeln und Henken, diese ewigen Exekutionen die Gesellschaft selbst erniedrigen. So kam man auf den Gedanken, dem Gesetzesübertreter die Freiheit zu entziehen,
teils um die Gesellschaft zu schützen, teils um ihn selber
zu strafen und zu bessern. Das erste Zuchthaus, von
dem wir wissen, wurde in Amsterdam gebaut 1595, ihm
folgte Lübeck 1613, Hamburg 1618, und dann verbrei-
teten sie sich rasch weiter. Zunächst waren auch diese
Häuser nicht sowohl Strafanstalten, als vielmehr das,
was bei uns in Württemberg das Arbeitshaus in Rotten-
burg für Weiber, Vaihingen für Männer ist: Besserungs-
und Beschäftigungsanstalten, in welchen insbesondere das
fahrende Volk zur Arbeit angehalten werden sollte. Erst
im Laufe des vorigen Jahrhunderts entstanden allmählich
eigentliche Strafanstalten. Die elementarste Form des Haft-
systems, das in diesen Anstalten zur Durchführung kam
und in etwas rationellerer Form heute noch kommt, das ist
die Gemeinschaftshaft, Kollektivhaft oder das
Assoziationssystem. Die Verbrecher sind bei Tag
in gemeinschaftlichen Arbeitsräumen, bei Nacht in gemeinschaftlichen Schlafsälen nach Alter, Verbrechen, Arbeitstüch-
tigkeit und anderen Merkmalen zusammengelesen. Dieses
Haftsystem finden wir noch in vielen Strafanstalten; auch
in Württemberg sind sämtliche Strafanstalten, mit Aus-
nahme des Zellengefängnisses in Heilbronn, auf Gemeinschaftshaft angelegt.

Für Erreichung des richtig gefaßten Strafzwecks, so-
fern in demselben die Besserung ein wesentliches Moment
bildet, bietet diese Art von Haft die wenigsten Garantien,
vielmehr hat dieselbe allerlei Übelstände unabtrennlich im
Gefolge. Die neueintretenden Gefangenen bringen oftmals

Nachrichten herein, die nicht hereinkommen sollten, die Aus=
tretenden nehmen solche mit hinaus, manchmal auch Briefe;
alle Vorsicht reicht bisweilen nicht zu. Es ist schon vor=
gekommen, daß Gefangene die ihnen zur Beförderung
übergebenen Briefe zwischen die Schuhsohlen hineingenäht
haben oder in einen Gürtel, welchen sie sich um den
bloßen Leib herumnähten. Während der Haft werden
Pläne zu künftigen Verbrechen geschmiedet; diejenigen,
welche noch einen Rest von Scham, Gewissen, Gottes=
furcht, Respekt vor göttlichen und menschlichen Autoritäten
mit hereinbringen, werden verhöhnt, gespottet, gedrückt;
die frechsten Mitglieder eines jeden Gefängnisraums geben
den Ton an, rühmen sich ihrer Schandthaten und unter=
richten die Jüngeren und weniger Erfahrenen in allem mög=
lichen Bösen; und so sind so ziemlich alle Sachverständigen
darin einig, daß die Gemeinschaftshaft ein Institut von
zweifelhaftem Wert sei. „In der Gemeinschaftshaft,
sagt Pastor Hasselmann von Hamm in dem Jahresbericht
der Rheinisch=Westfälischen Gefängnis=Gesellschaft vom
Jahr 1879/80, sind nur ausnahmsweise bessernde Erfolge
zu erzielen; für die meisten Gefangenen ist diese Strafart
eine Gefahr und für nicht wenige ein schwerer Schaden!"
und Füßlin: „Die Einzelhaft" sagt: „Die Zuchthäuser
sind hohe Schulen des Lasters geworden, und die Zücht=
linge verlassen sie in der Regel als gefährlichere Mit=
glieder der bürgerlichen Gesellschaft, als sie vor der Be=
strafung waren."

Übrigens kann ich diesem Satz, so schroff wie er hier
ausgesprochen ist, nicht beipflichten. Gerade das Zusammen=
leben mit anderen Gefangenen bietet den Besseren unter
ihnen, die einen ernsten Willen haben, sich zu bessern,
täglich Gelegenheit, in den relativ kleinen Versuchungen
zu Unterschleifen, Diebereien und Schelmenstücken Wider-

stand zu leisten, in diesen kleinen Kämpfen allmählich zu erstarken und für die größeren Versuchungen, die draußen im Leben wieder auf sie warten, eine größere Widerstandskraft mit hinauszubringen. Wenn nur in der Zusammenstellung der Gefangenen die nötige Vorsicht beobachtet wird, und auf der einen Seite die relativ anständigeren und unverdorbenen, auf der andern Seite die eigentlich verworfenen Subjekte, die man recht wohl kennt, aus der allgemeinen Masse herausgenommen und diese wie jene in besondere Gefängnislokale gesammelt werden; wenn nur alle diejenigen, welche auf die Willensrichtung der Gefangenen einwirken, auch wirklich in gutem Sinn wirken; wenn man namentlich das „hic Rhodus, hic salta" den Gefangenen fleißig zum Bewußtsein bringt, d. h. hier in diesem engen Kreis von Möglichkeiten, Böses zu thun, mußt du zeigen, daß es dir ernst ist mit deinen Vorsätzen und Gelübden; wenn das Dienstpersonal die Besseren in jeder Weise schützt; wenn der Grundsatz beobachtet wird, niemals jene vielgestraften, geriebenen Verbrecher oder Verbrecherinnen, welche zwar in allen Geschäften gewandt und tüchtig, aber auch in allen Anstaltskniffen durch sind, als Obmänner oder Obfrauen anzustellen und denselben eine gewisse amtliche Autorität beizulegen; wenn überhaupt in einer Strafanstalt die pädagogischen Gesichtspunkte in den Vordergrund gestellt werden, und die geschäftlichen erst in zweiter Linie sich geltend machen dürfen, — so kann man manchen Schaden verhüten.

Einen großen Fortschritt bedeutete nun das Isolier- oder Zellensystem, jetzt gern das „belgische System" genannt, weil Belgien allein unter allen Staaten der Welt in allen seinen Strafanstalten das Zellensystem durchgeführt hat. Das Eigentümliche des Systems ist voll-

ständige Isolierung des Gefangenen in einer Zelle, in
welcher er bei Tag und Nacht seinen Aufenthalt hat;
in einzelnen Anstalten ist diese Isolierung auch in Schule
und Kirche, selbst in den Spazierhöfchen, durchgeführt.
In Heilbronn z. B. sind in der Kirche die einzelnen
Gefangenen so von einander abgesondert, daß kein Ge-
fangener den andern sehen kann, und der Geistliche von
der Kanzel aus nur Menschenköpfe ohne Rumpf sieht, im
Anfang ein grausiger Anblick. Dieses System, zuerst in
einer Strafanstalt in Philadelphia angewendet, weshalb es
auch das pennsylvanische genannt wird, verbreitete sich
seit den 30ger Jahren rasch über Europa und wurde
mit ungeheurer Begeisterung aufgenommen. Jetzt schien
man das Rezept gefunden zu haben, um alle Schäden
zu heilen. Und man wird zugeben müssen, daß das
Isoliersystem ungleich höher steht als das Kollektivsystem.
Die schreienden Übel der Gemeinschaftshaft werden vermieden, der Verbrecher wird zur Einkehr in sich selbst genötigt, statt der verderblichen Masse ebenso schlechter und
noch schlechterer Menschen wird ihm der häufige Verkehr mit
guten und verständigen Menschen zu teil; der Vorstand,
der Geistliche, der Lehrer, die Aufseher, alle haben die
Aufgabe, den Gefangenen von Zeit zu Zeit zu besuchen,
und sie alle können, wenn sie ein Verständnis für ihre
Aufgabe haben, einen heilsamen Einfluß auf den Gefangenen üben. Aber es ist eben hier, wie überall im
Leben: die Methode, das System allein thut's nicht,
das beste Gefängnissystem kann fallieren, leistet nicht,
was es leisten könnte, wenn es nicht in der richtigen
Weise betrieben wird; und so können auch beim Zellengefängnis, wenn man in einen gewissen Schlendrian
hineinkommt, alle die erhofften guten Wirkungen aus-
bleiben. Übrigens hängen dem Zellensystem, auch dem

gut organisierten, seine eigentümlichen Schattenseiten an.
Wenn Seneca sagt: „Ich bin nie weniger allein, als wenn
ich allein bin" und damit sagen wollte, er habe an sich
selbst den besten Gesellschafter, so kann man auf der
andern Seite von vielen Menschen sagen, und zu gewissen Stunden muß es ein jeder von sich selber sagen:
es giebt für den Menschen keinen schlechtern Gesellschafter
und keinen gefährlicheren, als er selber ist. Denken Sie
ja nicht, meine verehrten Zuhörer, daß das jahrelange
Alleinsein auf jeden Menschen heilsam wirken werde und
müsse. Ich will die sittlichen Gefahren der Einsamkeit
nicht näher schildern, nur andeuten. Aber so viel ist
gewiß und aus den bisherigen Erfahrungen heraus er-
wiesen, daß in der Zelle häufiger als in der Gemeinschaftshaft Geistesstörungen vorkommen; und wenn es
auch nicht soweit kommt, so leidet doch der Geist not,
und es kann nicht fehlen, daß ein Mensch, der jahrelang
in der Zelle gelebt hat, eingeschränkt auf den allerengsten
Lebenshorizont und Gedankenkreis, innerlich verkümmert
bis zur Schwachsinnigkeit und Blödsinnigkeit hin; zum
mindesten aber werden diese Leute äußerst unbehilflich,
die Beweglichkeit und Elastizität des Geistes erlahmt,
und sie werden, wenn sie hinauskommen, leicht eine
Beute der Verführer und Betrüger. So ein Mensch,
der 3 Jahre lang, wie das in Deutschland zulässig ist,
oder 10 Jahre, wie in Belgien, im Zellengefängnis ge-
sessen ist und nun wieder hinaus soll ins wilde tolle
Spiel des Weltumtriebs hinein, mag ähnlich daran sein
wie ein Storch, den man Jahre lang in ein enges Käfig
gesteckt hat, und der nun wieder fliegen soll. Die Flug-
organe sind erlahmt und steif geworden, und er wird
kaum mehr mit seinen Genossen hinfliegen können den
großen Zug über Land und Meer. Es muß deshalb

im Zellengefängnis sorgfältig darauf geachtet werden, ob nicht Zeichen eintretender Blödigkeit oder gar Geistesverwirrung sich einstellen; und dann bleibt gar nichts anderes übrig, als den also geistig gefährdeten Menschen wieder möglichst schnell in Berührung mit andern Menschen zu bringen.

Das Zellensystem hat aber noch etwas anderes gegen sich, das ist der Kostenpunkt. Aus den verschiedenen Bauten von Zellengefängnissen in den letzten Jahrzehnten ergiebt sich, daß im Durchschnitt eine Zelle auf 4000 bis 6000 ℳ zu stehen kommt. In Herford und Freiburg kam die Zelle auf 4000 ℳ, in Wehlheiden bei Kassel auf 6000 ℳ, nehmen wir als mittleren Preis 5000 ℳ. Nun beträgt der Durchschnittsstand der Gefangenen Württembergs ca. 2000 Gefangene, wovon 1700 männliche Gefangene, 300 weibliche. Wollte man für Württemberg das Zellensystem durchführen, so würde dasselbe in runder Summe auf 10 Millionen Mark zu stehen kommen. Es wird also schon aus diesem Grunde niemals ernstlich davon die Rede sein, für Württemberg das Zellensystem durchzuführen.

Diese pekuniären Rücksichten mögen auf das Auburnische oder Schweigsystem geführt haben. In der Strafanstalt zu Auburn im Staat Newyork zum erstenmal auftauchend, besteht es darin, daß die Gefangenen bei Nacht in Schlafzellen eingesperrt, bei Tag zu gemeinschaftlicher Arbeit vereinigt werden, aber so, daß ihnen absolutes Stillschweigen geboten ist. Allein es zeigte sich bald, daß die Forderung absoluten Stillschweigens etwas durchaus Widernatürliches ist, fast so unnatürlich und grausam, als wenn man in China dem Verbrecher Holzstäbchen zwischen die Augenlider stellt, um ihn des Schlafes zu berauben. Auch die ordentlichsten Gefangenen konnten das Gebot nicht halten; die Disziplinarstrafen mehrten sich in unerhörter Weise, so daß z. B. in einer französischen Anstalt mit Schweigsystem bei 300 Gefangenen in einem Jahre gegen 6000 Strafen wegen Übertretung des Gebots des Stillschweigens verhängt werden mußten. Das System ist deswegen so ziemlich wieder verlassen.

Das jüngste Gefängnissystem ist das sog. irische oder progressive System, von einem Kapitän Crofton in Irland eingeführt. Das wirklich Gute an diesem System ist, daß es das Isoliersystem und die Kollektivhaft in organische Verbindung zu bringen, die Vorteile beider zu vereinigen und die Nachteile beider zu vermeiden sucht. Der Gefangene durchläuft nämlich bei diesem System verschiedene Stadien und innerhalb derselben wieder verschiedene Grade und Klassen. Das erste Stadium ist das der Einzelhaft. Hier wird der Gefangene erforscht, gleichsam studiert, durch Einsamkeit zur Einkehr genötigt und zu ernster Arbeit angehalten. Wenn derselbe zu ernster Reue durchgedrungen und innerlich gehörig erstarkt erscheint, so wird er in die Gemeinschaftshaft gebracht, die selbst wieder in verschiedene Unterabteilungen zerfällt; hier kann er durch Wohlverhalten und Arbeitsleistungen langsamer oder schneller zu höheren Klassen mit mehr Anteil am Arbeitsverdienst und mehr Freiheiten vorrücken. Es wird nämlich in diesem Stadium, oder auch in allen Stadien, jedem Gefangenen ein genau abgegrenztes Arbeitspensum vorgeschrieben; wenn er das erledigt hat, bekommt er eine Marke. Wenn er nun eine gewisse Anzahl Marken sich abverdient hat, dann rückt er in die nächste Klasse vor. Arbeitet er rascher und angestrengter, als die Hausordnung es erfordert, so erwirbt er sich schneller die nötige Anzahl Marken, rückt schneller vor, macht seine Grade schneller durch, rückt

früher in das 2. Stadium ein und hat es so in seiner
Hand, durch energische Arbeitsleistung seine Strafe abzu=
kürzen. Nun tritt er über in das 3. Stadium, das
der Zwischenanstalt, und das ist nun das ganz Be=
sondere und Eigentümliche des irischen Systems. Hier
wird der Sträfling von der Sträflingskleidung befreit,
kommt in Berührung mit der Außenwelt, darf ohne Auf=
sicht auswärts arbeiten, Ausgänge machen und dergl.;
es wird so der Übergang zur Freiheit und die Rückkehr
in die Gesellschaft vermittelt. Disziplinarstrafen giebt
es hier nicht mehr, dagegen zieht jede Ordnungswidrig=
keit Zurückversetzung in eines der früheren Stadien nach
sich, bis zurück in die Zelle. Das 4. Stadium endlich
ist das Stadium der probeweisen Entlassung. Der Ge=
fangene wird, wenn er einen gewissen Teil seiner Straf=
zeit abgemacht hat, entlassen unter der Bedingung, daß
sich jemand findet, der ihn in Arbeit nimmt; und zugleich
muß er sich einer gewissen Polizeiaufsicht unterwerfen. —
So auf dem Papier angesehen, ist dieses Strafvollzugs=
system herrlich und fast nichts daran auszusetzen. Hier,
muß man sagen, ist Methode, hier sind pädagogische Grund=
sätze: ein Übergang von anfänglicher Härte und Strenge
zu allmählicher Milde, der bedingt ist von der Aufführung
des Gefangenen; ein Übergang von der strengen Gebun=
denheit der Zelle zu allmählich fortschreitender Freiheit; ein
Übergang aus einem Zustand, wo alle Versuchungen,
aber auch jede Gelegenheit, der Versuchung zu widerstehen,
jeder Kampf und alles innere Erstarken, das eben nur
im Kampf errungen wird, abgeschnitten ist, in einen Zu=
stand, wo man allmählich wieder mit Menschen und Welt
in Berührung kommt, wo Versuchungen lockend heran=
treten, und der Gefangene doch noch durch den starken
Arm der Hausordnung gehalten und geschützt wird.

Allein in Wirklichkeit macht sich die Sache nicht so glänzend. Vor allem muß gesagt werden, daß dieses System nur auf langzeitige Gefangene anwendbar ist. Bei kurzzeitigen hätte es gar keinen Sinn, sie die vier Stadien durchlaufen zu lassen. Aber auch unter den langzeitigen Gefangenen giebt es viele, die man nicht in das Schema hineinfügen kann. Es giebt eben eine Menge Verbrecher, die in der Zelle nicht zur Buße kommen und nicht innerlich erstarken. Habituelle Verbrecher und Verbrecherinnen, Dirnen und Diebinnen könnte man, wenn man dem Systeme gerecht werden wollte, fast nie in die Gemeinschaftshaft herübernehmen; wenn man es aber thut, dann müßten jedenfalls die schlimmen Elemente und ebenso auch wieder die besseren in besondere Gefängnisräume zusammengeworfen werden, und müßten auch hier wieder die geschäftlichen Rücksichten, um derenwillen oft Schafe und Böcke zusammengeworfen werden, den pädagogischen Rücksichten weichen. Noch mehr Haken hat es mit der Zwischenanstalt. Soll man wirklich alle Gefangenen durch Zwischenanstalten laufen lassen, wo sie relativ frei sich bewegen dürften? Da würde z. B. die Stadt Gmünd sich schön bedanken, wenn wir etwa 50 Dirnen und Diebinnen auf sie losließen. Auch das Markensystem läßt sich sehr anfechten. Sind die Marken lediglich Arbeitsmarken, wie soll man es dann mit den Alten, Schwächlichen und Ungeschickten halten? Und solche Menschen haben wir manche in den Strafanstalten, die einfach gar nichts verstehen und nahezu gar nichts leisten. Sind es aber zugleich Sittlichkeitsmarken, soll der moralische und religiöse Fortschritt in Marken abgemessen werden, so führt das auf Seiten der Gefangenen zu Wohldienerei, Schmeichelei und Heuchelei, auf Seiten des Personals aber bis hinauf zu den obersten Beamten bewußt

ober unbewußt zu Willkür, Ungerechtigkeit und Partei-
lichkeit; und zu gleicher Zeit ist man in Gefahr, wenn
man sich mit diesem Markensystem gar zu tief einläßt,
der Pedanterie und Lächerlichkeit anheimzufallen, so gewiß als der Lehrer in der Schule diesem Vorwurf an-
heimfällt, wenn er's mit den Lobzettelchen zu weit treibt.
Jedenfalls stellt dieses System an die Weisheit, Gerech-
tigkeit, Menschenkenntnis, an das Organisationstalent des
Vorstandes fast übermenschliche Forderungen. Er müßte,
wie man sagt, Fuchs und Has sein, um seine 4 Stadien
und innerhalb derselben seine verschiedenen Klassen, die
bei der Verschiedenheit der Strafzeiten, bei dem täglichen
Zugang und Abgang, bei den nicht zu vermeidenden
Disziplinarstrafversetzungen in ewigem Fluß sind, zu über-
wachen, aufrecht zu erhalten und immer neu zu organisieren.
Streifen wir die Künsteleien von dem Systeme
ab, so schlägt sich als gutes brauchbares Kristallisations-
produkt der Satz nieder: Das beste Gefängnissystem ist
dasjenige, in welchem Gemeinschaftshaft und Isolierhaft
in verständiger Weise miteinander in Verbindung gesetzt
werden. Der leidenschaftliche Streit darüber, ob dieses
oder jenes Gefängnissystem vorzuziehen sei, ist denn auch
so ziemlich erlahmt, und als bleibendes und gesichertes
Resultat dieser Kämpfe können folgende Sätze betrachtet
werden: 1) Die reine Gemeinschaftshaft ist für die Moralität
der Gefangenen in hohem Grade schädlich, 2) die längere
Isolierhaft ist für den Gemütszustand des Gefangenen
und seine Geisteskräfte gefährlich, 3) daher sind Strafanstalten für Kollektivhaft mit der nötigen Anzahl von
Zellen auszurüsten, um die schlimmsten Mißstände der
Gemeinschaftshaft zu vermeiden, und Zellengefängnisse
umgekehrt mit so vielen gemeinschaftlichen Gefängnis-
räumen zu versehen, um diejenigen, deren Geist oder

Gemüt in der Zelle zu verfallen droht, herausnehmen zu können.

Diesen Sätzen entsprechend, wäre für unser Württemberg zu wünschen, daß unsere Kollektivstrafanstalten, speziell Gotteszell, mit einer Anzahl Einzelzellen ausgestattet würden. Ganz besonders wäre das für die Anstalt für jugendliche Gefangene zu wünschen. Noch nötiger wäre freilich, daß in den Gefängnissen der Amts- und Landgerichte mehr Zellen eingerichtet würden, um die Untersuchungsgefangenen und mit kleineren Strafen Belegten völlig zu isolieren. Die gemeinschaftlichen Räume an den kleinen Gefängnissen, die sind ein wahrer Fluch. Hier wird schrecklich viel verdorben. In den Strafanstalten ist doch ein Aufseher oder eine Aufseherin fast ohne Unterbrechung anwesend, und zwar bei Tag und bei Nacht, und infolge dessen die Unterhaltung ziemlich eingeengt; aber in diesen kleinen Gefängnissen, da sitzen sie oft da tagelang und wochenlang, ohne Arbeit, sich selbst und den Einflüssen der häufig wechselnden Zimmergenossen überlassen, und da ist schon manches Mädchen und mancher Jüngling in Geheimnisse der Sünde eingeweiht worden, von denen sie vorher keine Ahnung hatten. „Darum muß immer wieder der Notschrei erhoben werden: man schaffe Raum in den Amtsgerichtsgefängnissen, daß wenigstens die Jugendlichen vollständig isoliert werden können und vor der Gefahr größerer Verderbnis bewahrt bleiben." (s. Jahresbericht der Rheinisch-Westfälischen Gefängnisgesellschaft 1883/84 S. 81) Und Krauß (Blätter für Gefängniskunde 1887, 3. Heft S. 197) sagt: „Bei der Untersuchungshaft, sowie bei kurzen Gefängnisstrafen, kann heutzutage nur noch davon die Rede sein, daß es ein unerläßliches und unaufschiebbares Bedürfnis ist, diese Haftarten lediglich in Isolierzellen zu vollziehen." Also: mehr Zellen! das ist die erste Forderung.

die erhoben werden muß, wenn bei unserm Strafvollzug
bessere Resultate herauskommen sollen; Zellen vor allen
Dingen an den kleineren Gefängnissen für Untersuchungs-
gefangene und kurzzeitige Strafgefangene, Zellen aber
auch in den Strafanstalten, nur wenigstens so viele, um
die verdorbensten Subjekte, welche andere wie Pestkranke
anstecken, ferne zu halten, oder auch Gefangene von höheren
Bildungsstufen und Gesellschaftsklassen zu isolieren.

## III.
### Das Leben in der Anstalt.

Kehren wir nun in unsere Strafanstalt Gotteszell
zurück und schauen uns die Lebensordnung daselbst ein
wenig an. Morgens um 6 Uhr, im Sommer um 5 Uhr
wird aufgestanden, und nun beginnt sofort die Arbeit;
und zwar fordert die Hausordnung, das Arbeitspensum
soll jedem einzelnen so bestimmt werden, daß dasselbe
nur mit wirklicher Anstrengung der Kräfte geleistet werden
kann. Die Arbeitszeit beträgt im Winter 10, im Sommer
11 Stunden. Die Kost ist folgende: morgens geschmälzte
Wassersuppe, ebenso abends, Tag für Tag; mittags
2 Schoppen Rumforder Suppe (das ist ein Gemenge
aus Gerste, Kartoffeln, Erbsen und klein geschnittenen
Fleischstückchen, etwas säuerlich gekocht) oder eine Mehlspeise oder Gemüse mit einer Zuthat von Mehlspeise oder
Kartoffeln, und wöchentlich 2 mal Fleischbrühsuppe mit 125 gr
Fleisch, täglich ein Pfund Brot, als Getränke wird täglich dreimal frisches Wasser gereicht. Die Kleidung besteht
aus einem Rock und einer Jacke, für den Sommer aus
Baumwollstoff, für den Winter aus wollenem Tuch, einem
Unterrock mit Leibchen von Zwilch; dazu die nötigen
Unterkleider; das Lager aus einer Matraze und einem

Kopfpolſter von ungebleichtem Zwilch, mit Stroh oder
indianiſcher Pflanzenfaſer gefüllt, einer wollenen Decke
für den Sommer und zwei dergleichen für den Winter.
Man wird zugeſtehen müſſen: weder die Koſt, noch
das Bett, noch die Kleidung iſt zu üppig und geht
kaum jüber das Maß des unbedingt Notwendigen hinaus; und ich halte in dieſer Beziehung die häufigen
Lamentationen, daß es die Gefangenen zu gut haben, für
ungerechtfertigt. Mag auch die Koſt für einen großen
Teil der Gefangenen beſſer ſein als diejenige, welche ſie ſonſt
gewöhnt waren, ſo iſt ſie für die anderen um ſo rauher
und härter; und mancher verwöhnte Gaumen braucht
monatelang, bis er ſie ohne Beſchwerde ertragen kann.
Aber ſchon der Umſtand an und für ſich, daß ſie die
nötige Koſt haben, ein ſauberes Lager, eine warme Stube
und das alles, ohne darum ſorgen und ſich plagen zu
müſſen, das iſt eben an und für ſich ſchon für viele arme
Menſchen eine Verbeſſerung ihrer Lage. Ich gehe weiter
und ſage: das ganze Leben in der Strafanſtalt, ſo wie
der menſchenfreundliche Sinn unſerer Geſetzgebung ſie
nun einmal eingerichtet hat, bietet ſo manche Vorzüge
gegenüber den Mühſeligkeiten und Beſchwerden, unter
welchen viele tauſend Menſchen, vor allem aber eben
unſere Strafanſtaltsbewohner ihrer Mehrheit nach, ſo
lange ſie draußen in der Freiheit ſind, ſich durchſchlagen
müſſen, daß das einzige Empfindliche an der Strafe, das
noch übrig bleibt, nämlich eben das Eingeſperrtſein, reich-
lich aufgewogen wird. Viele arme Menſchenkinder, zu-
mal unehlich geborene — und ungefähr 30% unſrer Gefangenen ſind unehlich geboren, — die draußen in der Welt
ihr Lebenlang herumgeſtoßen und gedrückt worden ſind,
vom Vater verleugnet, von der Mutter verlaſſen oder,
wenn ſie bei den Eltern ſind, von dieſen gequält, mit

Schimpfwörtern und Flüchen traktiert, oft täglich mißhandelt, aufgewachsen im Schmutz — wenn sie nun hier
in der Strafanstalt zum erstenmal auf menschenwürdige
Weise behandelt werden, ein ordentliches Essen, ein sauberes
Lager haben und nicht jeden Augenblick fürchten müssen,
von einer entarteten Mutter, von einem erbitterten Stief-
vater, dem sie zur Last sind, von sonstigen rohen Leuten
gescholten und verflucht zu werden, fühlen sich bald recht
wohl; und das Schreckensgespenst „Gefängnis" fängt an,
sie gar freundlich anzulächeln. Aber auch für viele andere
Menschen, für alle armen Leute — und 97 % unserer hie-
sigen Gefangenen sind arme Leute — ja auch für viele Leute
aus dem Handwerker - und niederen Bauernstand, die
vielleicht einiges Vermögen haben, aber doch sich ernstlich
wehren müssen, sich und ihre Kinder durchzubringen, fällt
der Vergleich zwischen dem Leben zu Haus und dem Leben
in der Strafanstalt zu Gunsten der letzteren aus. Das
Mädchen, das draußen auf dem Lande dient, muß Sommer
und Winter früh heraus, im Winter erst fegen, Schnee
wegräumen, dann den Stall besorgen, Wasser holen, viele
Stunden lang in der kalten Scheuer dreschen oder draußen
im Wald Holz aufbereiten; im Sommer in der Heu= und
Getreideernte muß sie aufstehen oft schon um 1 oder 2 Uhr,
viele Stunden lang mähen, manchmal im Tau, ja im
Wasser stehend, dann wieder im heißen Sonnenbrand
Heu einernten, Getreide schneiden oder sammeln und
Garben binden bei einer Schwüle, daß manches ohn-
mächtig niedersinkt. Die Hausmutter plagt sich vom
Morgen bis zum Abend, weiß oft kaum, woher das Essen
nehmen für die Kinder, zerarbeitet sich bis tief in die
Nacht hinein, um die Kleider und Kleidlein der Großen
und der Kleinen zu waschen und zu flicken und im Stand
zu erhalten; monatelang spart sie Pfennig um Pfennig

zusammen, oft hinter dem Rücken des Mannes, um für
sich einen warmen Rock oder den Kindern ein paar Schuhe
zu kaufen; mühselig schleppt sie schwere Lasten von Futter
und Kräutern heim auf dem Kopfe, um eine Gaise oder
zwei durch den Winter zu bringen, kümmerlich bringt sie
das Holz zusammen, um im Winter eine warme Stube ·
zu haben, abgehetzt, müde bis zum Umfallen vom Um-
trieb des Tages muß sie bei Nacht schreiende oder gar
kranke Kinder bei sich haben, heben und tragen, von
einem rohen Mann, der alles vertrinkt, oft genug noch
nachts, wenn er heimkommt, mit Schimpfwörtern über-
häuft und mit Schlägen traktiert.

Wie ganz anders das Leben in der Strafanstalt!
Morgens trifft die Gefangene das Zimmer erwärmt,
man hat seine warmen Kleider, das Essen steht auf dem
Tisch, man darf sich nur hinsetzen an das Tischchen-deck-
dich, man hat seinen halben Laib Brot und darf nicht
fragen, was kostet's? und woher kommt's? man darf sich
nicht mit dem Kochen plagen, man thut seine Arbeit im
Winter im warmen Zimmer, im Sommer im kühlen
Schatten. Die Sonne sticht sie nicht des Tags und der
Mond nicht des Nachts; kommt der Abend, so hat sie
ihr reinliches Lager, ihre ungestörte Ruhe, kein Kinder-
geschrei, kein Brüllen Betrunkener, welche die Nacht durch-
lärmen, kein Wagengerassel, kein Peitschengeknall! So
kann sie gar sanft und ruhig schlafen, viele Stunden lang.

Verehrte Versammlung! es ließen sich noch andere
Lichtseiten der Gefangenschaft anführen; ich will aber
abbrechen. Und die Folge von dem allem? Daß viele
Gefangene die Gefangenschaft kaum noch als Übel empfinden, sondern mehr als Annehmlichkeit. Wenn man
ihnen den Aufenthalt in der Strafanstalt als etwas
Arges, Schreckliches und Schmähliches hinstellt, das sie

mit Ernst meiden sollten: es wirkt nicht. Viele mögen
bei derartigen Vorstellungen eine ähnliche Empfindung
haben, wie jene Grönländer, denen der Missionar die
Schrecken der Hölle ausmalte; je heißer er die Feuergluten
schilderte, desto freundlicher strahlten die Gesichter der
Eskimos, denn in ihrem kalten Land hatte der Gedanke
an eine so warme Gegend etwas unendlich Anmutendes.

Nun aber, verehrteste Zuhörer, müssen wir uns recht
hüten, aus diesen Thatsachen falsche Schlüsse zu ziehen.
Der gewöhnliche Schluß ist nun eben der wohlbekannte:
die Gefangenen haben es zu gut, man sollte sie härter
und kürzer halten. Ich habe mir bereits erlaubt, Ihnen
anzudeuten, daß das, was dem Gefangenen gereicht
wird an Kost, Kleidung und Lager, kaum über dasjenige
hinausgeht, was unbedingt nötig ist. Sie so kurz und
knapp zu halten, daß ihre Gesundheit darunter notleidet,
dazu hat der Staat kein Recht; wobei freilich gesagt
werden muß, daß es ebenso unrecht ist, die gesundheit-
lichen Rücksichten und die hygieinischen Anforderungen
bis ins Sentimentale zu übertreiben. Doch, um auf
unseren Satz zurückzukommen, auf die oft gehörte und
gelesene Behauptung: die Gefangenen haben es zu gut,
so muß gesagt werden: man kann das Leben in der
Strafanstalt unmöglich so primitiv gestalten, wie es
freilich in den Häusern der meisten Gefangenen daheim
ist — wenn sie überhaupt noch eine Heimat haben;
man kann das Leben in der Strafanstalt nicht herunter-
drücken zu dem Schmutz, der Unordnung, Kümmerlichkeit
und Bettelhäftigkeit, in welcher freilich viele, vielleicht die
meisten unserer Gefangenen draußen leben. Das was
unsere Hausordnungen bieten an Kost, Lager, Kleidung,
Fürsorge für Reinlichkeit und Gesundheit, das soll bleiben;
dem Vorwurf, daß die Gefangenen es besser haben, als

viel tausend nicht bestrafte Menschen, wird man sich nie
entziehen können. Es ist aber auch nicht nötig, sich sehr
gegen diesen Vorwurf zu wehren, eben weil es gar nicht
möglich ist, wenn man es auch wollte, das Leben in der
Strafanstalt so herunterzudrücken, daß die Gefangenen
unter allen Umständen es schlechter haben, als alle diejenigen, welche in der Freiheit leben. Und es soll allen
denen, welche aus Übereilung, Drang der Umstände und
Not einmal das Gesetz übertreten haben, alles das gegönnt
sein, was eine humane Gesetzgebung ihnen bietet. Aber
— und das wäre der Schluß, den ich meinesteils ziehen
möchte — es müßte dafür gesorgt werden, daß die relativ angenehme Existenz nicht Anlaß und Reiz wird zu
neuen mutwilligen Gesetzesübertretungen, mit anderen
Worten: es sollte der Rückfall schärfer gestraft werden und
zwar nicht wieder bloß mit Freiheitsentziehung, sondern
mit andern empfindlicheren Strafen. Das ist ja die
dunkelste Partie in unserem Rechtswesen: die erschreckend
große Zahl der Rückfälligen. In Gotteszell sind von
100 Gefangenen 50 rückfällig; in andern Strafanstalten
ist der Prozentsatz noch höher, in Ludwigsburg ist die
Zahl der Rückfälligen von 51 % im Jahr 1866/67 bis
auf 80 % im Jahr 1873/74 gestiegen; von dort an hat
sie wieder abgenommen bis zu 72 % im Jahr 1877/78.
S. Sichart, Rückfälligkeit der Verbrecher.

Daß nun freilich Armut, Not, die Schwierigkeit bei
den Leuten wieder Aufnahme zu finden, manchen armen
Tropfen wieder auf den Weg des Verbrechens bringen,
und daß es nach jedem Rückfall noch schwerer fällt, nicht
abermals rückfällig zu werden, das gebe ich ja herzlich
gerne zu. Diesen Momenten kann und wird im einzelnen
Fall der Strafrichter Rechnung tragen und Milderungs-
gründe annehmen. Aber ebenso gewiß ist es, daß viele

aus der Strafanstalt hinausgehen mit dem klaren Bewußtsein und der kaum verhohlenen Absicht, sofort wieder den alten Weg zu betreten. Dahin gehören vor allem
einmal nahezu sämtliche Dirnen, welche wegen gewerb-
licher Unzucht gestraft werden, dann die Kupplerinnen,
welche Kartenmädchen halten, aber auch viele Diebinnen,
überhaupt die ganze Masse derer, welche das Verbrechen
gewerbsmäßig betreiben, oder um den Ausdruck Sicharts
zu gebrauchen, die ganze Masse der Gewohnheitsverbrecher.
Die Aussicht, wieder in die Strafanstalt zu kommen,
schreckt sie durchaus nicht; nicht selten sind die Fälle, wo
das geradezu als Ziel ins Auge gefaßt wird, wieder
hereinzukommen. So sagte vor einiger Zeit eine viel
gestrafte Diebin und Betrügerin bei ihrer letzten Entlassung
ganz unverhohlen, wenn sie könnte, dann würde sie am
liebsten unter dem Thor dem Thorwächter seinen Helm oder
seinen Rock nehmen, damit sie gleich wieder hereinkomme.
Bei solchen Leuten wird natürlich Freiheitsstrafe gar nicht
mehr als Strafe empfunden, und es ist entschieden ein
Mangel unserer Strafgesetzgebung, daß sie fast gar kein
anderes Strafmittel kennt, als einsperren und wieder einsperren. Unsere Justiz kommt mir vor, wie ein Doktor,
der alle Schäden, gebrochene Füße und kranke Augen,
Lungenentzündung und Herzwassersucht mit e i n e r Mixtur
heilen will. Stiehlt jemand, er wird eingesperrt; er-
würgt eine ihr Kind, sie wird eingesperrt; mißhandelt
jemand einen Menschen oder ein Tier auf himmelschreiende
Weise, er wird eingesperrt; treibt jemand viehische Wollust, die vielleicht einem Kinde Leben, zum mindesten
Gesundheit kostet, er wird eingesperrt. Vor ein paar
Jahren kam es vor, daß ein paar schändliche Menschen
einen Müller überfielen. Sie zogen ihm seine Kleider
aus, machten ihm am Unterleib einen Einschnitt in die

Haut, und bliesen ihm dann mit einem Instrument den
Leib auf, wie man es bei geschlachteten Schafen zu thun
pflegt, um die Haut loszulösen, und so löften sie auch
dem Manne die Haut auf bis hinauf zum Hals, und
dann banden sie die Öffnung zu und ließen ihn liegen.
Und nun hieß es: Diese Unmenschen müssen exemplarisch
gestraft werden! und richtig, sie wurden exemplarisch gestraft, sie wurden auf ein paar Jahre eingesteckt.

Wenn nun aber der Verbrecher vollends sein Verbrechen ausübt in der Absicht, gestraft zu werden, wenn
er das als Ziel ins Auge faßt, auf einige Monate oder
auch Jahre eingesperrt zu werden, und diese Fälle kommen
ja gar nicht selten vor, da sollten die Männer des Rechts
doch bedenklich werden und sich sagen: mit der Freiheitsstrafe allein reichen wir nicht aus, wir müssen wenigstens
für gewisse Fälle noch andere Strafmittel zur Verfügung
haben. Fürwahr es liegen bittere Wahrheiten in jenem
Verbrecherlied, welches einstens die „Reichspost" brachte:

### Verbrecherlied.

Ein freies Leben führen wir
In Stadt und auf dem Lande,
Denn dieser Zeiten Menschlichkeit
Hält Strenge für 'ne Schande;
Die Strafen schrecken uns drum nie,
Frei Kost giebt's ja und frei Logis.

Wenn ich den Wandrer niederschlag'
Und raub' ihm aus die Taschen,
Und kommt dann der Gendarm dazu
Und thut mich überraschen,
Was schadt's, wenn ich ins Zuchthaus zieh'?
Frei Kost giebt's dort und frei Logis.

Ich bringe in die Häuser ein
Und raube nach Vergnügen,
Und wenn mir einer widersteht,
Laß ich ihn halbtot liegen;
Das Weitere beschwert mich nie,
Frei Kost giebt's ja und frei Logis.

Ob ich die Frauen falle an,
Ob ich die Kinder schände,
Ob ich wie eine Bestie bin,
'8 giebt doch kein böses Ende;
Und wenn ich roh bin wie ein Vieh,
Frei Kost giebt's doch und frei Logis.

Wenn ich auch Menschenblut vergieß'
Und meinen Bruder morde,
So darf der Henker selten doch
An Leute unsrer Sorte;
Hinrichten thut man uns fast nie,
Doch freie Kost giebt's, frei Logis.

Drum loben wir die gute Zeit,
Da wir so gut es haben;
Es leb' die Menschenfreundlichkeit
Und alle ihre Gaben:
Der Ehrliche hat Sorg' und Müh',
Frei Kost han wir und frei Logis.

Doch ich kehre zu meinem Satze zurück. Wenn dem
Rückfall, dem oft höchst mutwilligen Rückfall gewehrt
werden soll, so muß die Justiz sich entschließen, die Freiheitsstrafen durch andere Strafen zu verschärfen. Von
der Prügelstrafe will ich nicht reden. Sie scheint dem
Zartgefühl unseres Geschlechts gar zu sehr zu widerstreben.
Für weibliche Gefangene möchte ich sie in der That auch
kaum wünschen; hier widerstrebt sie den Gesetzen der
Schamhaftigkeit.

Aber man hat in der Strafanstalt Disziplinarstrafen,
die sehr empfindlich sind und trefflich wirken, nämlich:
Dunkelarrest, Kostschmälerung, zeitweise Reduktion auf
Wasser und Brot, Entziehung des Lagers und Schließen
an die Kette. Diese Strafen, die bisher bloß als Mittel,
um die Ordnung in der Strafanstalt aufrecht zu erhalten,
zulässig waren, sollten auch in das Strafgesetzbuch aufgenommen werden als Verschärfung der ordentlichen Freiheitsstrafe. Die Gesetzgeber müßten eine gewisse Stufen-
leiter von Verschärfungen aufstellen, vielleicht 3 Grade,

und der Richter müßte in Zukunft nicht mehr bloß auf Gefängnis oder Zuchthaus erkennen, sondern nach Umständen auf Gefängnis mit Verschärfung 1., 2., 3. Grads. Damit könnte viel gewirkt werden. Ich bilde mir natürlich nicht ein, daß man mit solchen Verschärfungen den Rückfall überhaupt aus der Welt schaffen könnte. Es scheint nun einmal ein statistisches Gesetz zu sein, daß der verbrecherische Trieb in gewissen Prozenten der Bevölkerung zum Ausbruch komme, fast so notwendig, als daß gewisse Prozente der Menschheit sterben müssen. Aber wer wollte deswegen die Bemühungen der Ärzte, der Sterblichkeit unter den Menschen engere Schranken zu ziehen, tadeln? Zu den Mitteln aber, den Rückfall zu reduzieren, gehört die schärfere Bestrafung der Rückfälligen. Und wenn wir sogar ebensoviele Rückfällige bekommen würden, so würde die Verschärfung doch den Wert haben, daß der Verbrecher die Strafe wieder etwas mehr als Übel empfindet und weniger als Annehmlichkeit. Wenn also der Strafzweck erreicht, wenn die Strafe wieder mehr als Übel empfunden, wenn dem Rückfall ein Damm gezogen werden soll, so muß als zweite Forderung diese aufgestellt werden:

Verschärfung der ordentlichen Freiheitsstrafe durch körperlich empfindliche Strafen: Dunkelarrest, Kostentziehung, Lagerentziehung und Schließen an die Kette, und zwar teils für diejenigen Verbrecher, die durch Bestialität und Roheit besondere Entrüstung herausfordern, sodann aber und regelmäßig für die Rückfälligen, resp. die Gewohnheitsverbrecher, und zwar so, daß diesen neben der ordentlichen Freiheitsstrafe noch Verschärfungen 1., 2. Grads u. s. w. zuerkannt würden.

Verehrte Versammlung! Es ist einleuchtend, daß dieser Übelstand, daß nämlich manche Gefangene die Strafe

kaum noch als Übel empfinden, auch auf die erzieheri-
schen Bemühungen an den Gefangenen, insbesondere auf
die Thätigkeit des Geistlichen, lähmend einwirkt. Luther
sagt einmal in Beziehung auf die Kinderzucht: Der Apfel
muß neben der Rute liegen. Man kann den Satz auch
umkehren und sagen: Die Rute muß neben dem Apfel
liegen; mit Äpfeln allein und mit Bonbons geht's nicht.
Das gilt auch von alten Kindern. Ich bin fest über-
zeugt, daß auch die Wirksamkeit des Seelsorgers erfolg-
reicher werden würde, wenn diejenigen, die es besonders
nötig haben, mehr Ernst zu schmecken bekommen würden.

Ich komme damit auf meinen letzten Punkt und rede
von den seelsorgerlichen Erfahrungen im Gefängnis. Ich
meine die Frage zu hören: „Sagen Sie uns doch, kann
denn überhaupt von einem Erfolg unter den Gefangenen
die Rede sein? kommen sie denn nicht verdorbener heraus
als hinein?" Nun, meine verehrten Zuhörer, ich bejahe
beide Fragen. Ich gebe unbedingt zu, manche Gefangene
kommen schlechter hinaus als herein; ich sage aber ebenso
bestimmt: es giebt eine Anzahl solcher, die merklich ge-
bessert, und etliche wenige, welche bekehrt hinausgehen.
Ich komme damit freilich an einen Punkt, der mit Zart-
heit und Zurückhaltung behandelt sein will; aber diese
verehrte Versammlung, deren Mitglieder mit so viel Liebe
und Erbarmen den entlassenen Gefangenen nachgehen,
hat doch wohl ein Recht, zu erwarten, daß ich ihr auch
in diesem Stück mit derjenigen Offenheit diene, welche
die Sache erlaubt.

Die meisten freundlichen Erfahrungen werden gemacht
in der Jugendabteilung. Zwar die kurzzeitigen Gefangenen mit Strafen von 4 Wochen oder einigen Monaten,
die gehen meistens wieder hinaus, wie sie gekommen sind;
höchstens nehmen sie den Eindruck mit, daß das Gefängnis

nicht so schrecklich ist, wie sie sich's vorgestellt hatten; oder aber es sind bei diesen die Gedanken von Anfang an so ganz auf den Entlaßtermin hin gerichtet, daß sie nie recht ins Nachdenken hineinkommen. Auf diejenigen aber, welche längere Strafzeiten haben, 1 Jahr und länger, übt der Aufenthalt fast ausnahmslos bis zu einem gewissen Grad bessernd ein; und wenn wir eine Anzahl Zellen hätten für diese jugendlichen Gefangenen, nur auch etwa 6, um die schon ganz verdorbenen zu isolieren, so wären die Resultate wohl noch besser. Von einigen wenigen möchte ich sagen: sie sind als Kinder Gottes aus der Anstalt ausgetreten.

Vor einigen Jahren waren da 2 Mädchen, Kindsmörderinnen, welche, mit den Aufgaben einer Obfrau d. h. einer Gehilfin der Aufseherin betraut, eine solche Energie gegen Unarten, Intriguen und faule Geschwätze ihrer Mitgefangenen entwickelten, daß eine Zeit lang die ganze Abteilung musterhaft genannt werden konnte; die beiden wurden dann auch um ihrer musterhaften Führung willen begnadigt. Von einem dieser Mädchen möchte ich noch etwas eingehender reden. Nachdem dieselbe längere Zeit in Schrecken und Angst des Gewissens herumgelaufen war, kam sie eines Tags ganz verändert mit heiterem Angesicht zur Besprechung und sagte mir: „Heute vor 14 Tagen erschien mir bei Nacht der Heiland und sprach zu mir: Sei getrost, deine Sünden sind dir vergeben. Und jetzt weiß ich, daß sie mir vergeben sind, und bin ganz glücklich." Und dieses Gefühl des Friedens und der Seligkeit hielt nun bei dem Mädchen an fast 2 Jahre lang, bis sie fortkam, mit wenigen Störungen. Daneben war ihre Haltung tadellos; jetzt ist sie in einem Dienst, wo man sehr mit ihr zufrieden ist. Weniger greifbar sind die Erfolge bei

Landesgefangenen und Zuchthausgefangenen. Am em-
pfänglichsten sind die Kindsmörderinnen; bei diesen geht
meist die Buße tiefer als bei anderen Gefangenen. Em-
pfänglich finde ich auch ältere, relativ anständige Frauen,
namentlich solche, die Kinder haben und an diesen Kindern mit Liebe hängen. Eine ältere Frau, früher sehr
weltförmig, kam hauptsächlich durch das Buch „Etwas
fürs Herz" und Arnds „wahres Christentum" zur Erkennt-
nis und zum Frieden. Vor einiger Zeit bekam sie Besuch von ihrem Sohn und ihrer Schwägerin. Die
Schwägerin fragte sie, wie es ihr gehe. Sie sagte: „Mir
geht es gut; wenn heute unsere Königin käme und würde
mir sagen: du darfst auf meinen Thron hinaufsitzen, aber
du mußt wieder so sein, wie du vorher warest, nämlich
so leichtsinnig und weltförmig, so wollte ich lieber mein
Leben lang im Zuchthaus bleiben. Da hat mich die
Schwägerin ganz kurios angesehen, wie wenn ich nicht
recht bei Trost wäre; denn sie weiß von göttlichen Dingen
so wenig, als ich früher davon gewußt habe." Am aus-
sichtslosesten ist die Wirksamkeit des Seelsorgers an den
habituellen Dirnen und Diebinnen, namentlich bei denen,
welche beides zugleich sind. Viele zwar unter ihnen sind
reich an Thränen, Rührungen und guten Vorsätzen, sind
auch recht andächtige Zuhörerinnen, aber es fehlt alle
moralische Kraft; andere aber tragen den Stempel der
Verworfenheit und der wildesten Wollust auf dem frechen
Angesicht. Hier hat man öfters das Gefühl, Perlen vor
die Säue zu werfen. Und wie bei etlichen dieser armen
Mädchen die Verwesung bei lebendigem Leibe anfängt —
wenigstens strömt von etlichen bereits eine Art Ver-
wesungsgeruch aus — so ist auch das Leben des Geistes
völlig gelähmt und gebrochen, und die Verwesung treibt
ihr schreckliches Werk; und wenn der Herr nicht geradezu

ein Wunder der Gnade thut, so ist nach menschlicher
Berechnung nichts zu hoffen. Hie und da darf man aber
doch auch in solch ein Gnadenwunder hineinsehen. Vor
einigen Jahren kam ins Zuchthaus eine noch ziemlich
junge und saubere Person, welche durch Unzucht ihren
Leib ruiniert hatte, bereits kränkelnd. Nach kurzer Zeit
kam sie in den Spital. Allmählich erlahmten verschiedene Organe des Unterleibs; monatelang lag sie hilf-
los da und mußte gehoben und getragen werden wie ein
Kind. Da stieg in ihr ein bitterer Ingrimm auf über
ihr Geschick. Sie haderte und rechtete mit Gott und
machte verschiedenemale den Versuch, sich auszuhungern.
Mitunter kamen auch Anfechtungen über ihre Sünden und
Empfindungen des Zornes Gottes; vor lauter Jammer
und Not sank sie immer tiefer in Verzweiflung und Selbstmordgedanken. Die selige Wahrheit, daß Jesus Christus
die Sünder zu Gnaden annehme, auch solche arme
Sünder wie sie einer sei, konnte sie lange nicht fassen.
Als ich aber eines Sonntags zu ihr kam, streckte sie mir
ganz fröhlich die Hand entgegen und sagte mir: „O, Herr
Pfarrer, ich habe es fast nicht erwarten können, bis Sie
kommen, ich bin jetzt ganz glücklich und selig." Und nun
erzählte sie eine ganz ähnliche Geschichte wie jenes Mädchen oben, es sei bei Nacht eine leuchtende Gestalt an
ihr Bett herangetreten und habe ihr zugerufen: „Ich bin
die Auferstehung und das Leben; wer an mich glaubet,
der wird leben, ob er gleich stürbe; und wer da lebet und
glaubet an mich, der wird nimmermehr sterben." Und
von dort an trug sie ihr Leiden mit einer wunderbaren
Heiterkeit, bis sie aus dem Zuchthaus entlassen wurde.
Diese Person hat aber auch noch eine andere Geschichte
hinter sich, eine Geschichte, aus der man sieht, wie unsere
armen Gefangenen oft in die Sünde hineinkommen, und

wie unrecht wir thun, wenn wir über diese Personen
nur so ohne langes Besinnen den Stab brechen. „Mein
Vater," erzählte sie mir, „war Lokomotivführer und
deswegen fast immer von Hause fort. Die Mutter starb,
als die Kinder noch klein waren. Bald heiratete der
Vater wieder. Diese zweite Mutter war nun eine
üppige, genußsüchtige Person, welche mit dem schönen
Verdienst des Mannes, den er ihr fast ganz überließ,
nicht ausreichte. Und nun hielt sie die Kinder an zum
Stehlen. Auch die zwölfjährige Walpurga sollte das
Stehlen lernen. Erst wollte sie nicht und sträubte sich;
aber die Mutter ließ nicht nach und wußte teils durch
Drohungen, teils durch kleine Geldgeschenke das Mädchen
dahin zu bringen, daß sie ihr endlich zu Willen war.
Einmal, sagte sie, mußte ich in einer finsteren Nacht bei
einem Nachbarn Holz stehlen. Der Weg führte durch
einen Garten. Da kam der ganze Jammer meines Lebens
über mich. Ich setzte mich unter einen Busch, stellte den
Korb mit gestohlenem Holz vor mich hin und fing an
bitterlich zu weinen. „O Gott im Himmel," rief ich
aus, „jetzt bin ich noch so jung und muß schon stehlen!"
Und so hat das Kind stehlen gelernt. Die Mutter
lehrte sie aber noch mehr. Wenn der Vater fort war,
kamen öfters am Abend andre Männer ins Haus; und
das Weib hatte die Stirne den Kindern zu sagen, warum
die Männer kommen, und daß sie ihr Geld geben, und
machte sie darauf aufmerksam, wenn sie einmal in der
Not seien, so sei das auch ein Weg, um zu Geld
zu kommen. Und richtig hat das Mädchen auch diese
Sünde gelernt und ist beides geworden, Diebin und
Dirne. Und die eigene Mutter hat sie dazu gemacht.
Was mag eine solche Mutter einmal für eine Verant-
wortung haben? Ihr Urteil ist schon gesprochen. Wer

ärgert dieſer Geringſten eines, die an mich glauben, dem
wäre beſſer, daß ein Mühlſtein an ſeinen Hals gehänget,
und er erſäufet würde im Meer, da es am tiefſten iſt.
Wehe der Welt der Ärgernis halben; es muß ja Ärger=
nis kommen, doch wehe dem Menſchen, durch welchen
Ärgernis kommt. Matth. 18, 6. 7.

Denken Sie nicht, verehrte Zuhörer, daß dies ein
ganz vereinzelter Fall ſei. Mag ſein, daß die Verführung
von Seiten der nächſten Angehörigen nicht gerade ſo
nackt und maſſiv an das Kind herantritt; aber ganze
Scharen von Menſchen wachſen auf und werden groß
und leben und ſterben in einer Atmoſphäre von Schlech=
tigkeit und Gemeinheit und zugleich in einer ſolchen
Jämmerlichkeit und Kümmerlichkeit, wovon viel tauſend
gute Menſchen, die in geordneten, freundlichen Verhält=
niſſen leben, gar keine Ahnung haben. Wenn man weiß,
wie in weiten Volkskreiſen das ganze Leben durchfreſſen
iſt von Lüge, Verleumdung und unſauberem Geſchwätz,
Unzucht, Betrug, Gewaltthat, dann müſſen wir geſtehen:
die meiſten unſerer Gefangenen ſind nur zu einem Teil
ſchuld daran, daß ſie das geworden ſind, was ſie ſind.
Die Geſellſchaft, in der ſie aufgewachſen ſind, das Haus,
die Familie, die Gemeinde, ja die ganze bürgerliche Ge=
ſellſchaft mit ihrer laxen Moral und ihren leichten Sitten
trägt‘ mit die Schuld. Man darf deswegen, wenn es
ſich um die Frage handelt: Wie kann dem Verderben
geſteuert werden? nicht bloß reden von Prügelſtrafe oder
ſonſtiger Verſchärfung der Strafe, ob ich gleich ja eine
ſolche Verſchärfung für unbedingt nötig halte, ſondern
man muß ſich bemühen, das, was von der Geſellſchaft
gefehlt worden iſt, wieder gut zu machen. Man muß
ſich bemühen, dieſen Verirrten wieder auf den rechten
Weg und den Verſtoßenen und Geächteten wieder zur

Aufnahme zu helfen. Die dritte Forderung, welche deshalb gestellt werden muß, ist diese: mehr Erbarmen gegen entlassene Strafgefangene und treuere Fürsorge!

## IV.
### Fürsorge für entlassene Strafgefangene.

Hier bekenne ich gerne und mit herzlichem Danke gegen Gott: es geschieht viel in Württemberg, um den entlassenen Gefangenen unter die Arme zu greifen. Wir haben den großen „Württembergischen Hauptverein zur Fürsorge für entlassene Strafgefangene," der mit seinen Bezirksvereinen seine Netze über das ganze Land ausgespannt hat und der sehr viel Gutes wirkt, nur daß leider viele von ihm nichts wissen oder sich nicht um ihn bekümmern. Sie, verehrte Damen, haben sich die Aufgabe gestellt, den entlassenen Gefangenen von Stuttgart und Umgegend nachzugehen; und es ist somit hier in dieser hochverehrten Versammlung von Damen und Herrn, die mehr oder weniger bereits an dieser Arbeit sich beteiligen, eigentlich nicht nötig, Alarm zu schlagen und die Feuerglocke zu läuten. Sie wissen, daß es brennt, und sind bereits zur Stelle, um das Feuer zu löschen. Aber das muß eben doch gesagt werden: es könnte noch viel mehr geschehen. Mit pharisäischem Hochmut sieht man gewöhnlich herab auf diese Zuchthäusler und vergißt, daß man selber auch ein armer sündiger Mensch ist, der die Anlagen und die Möglichkeiten zu jeglichem Bösen in sich trägt, ein Rückfälliger, der trotz der heiligsten Gelübde immer wieder von alten, offenen oder geheimen Sündenbanden umgarnt wird; vergißt, daß, wenn man alle diejenigen fassen könnte, die auch schon etwas Unrechtes gethan haben, alle Dienstboten, die hie und da mal etwas unterschlagen, alle Handwerksleute, die un-

saubere Handwerkskniffe sich erlauben, alle Handeltreiben-
den, die mit betrüglichen Waren uns bedienen, kurz alle
kleinen und großen Diebe, die ganze Welt schließlich, wie
Luther sagt, sich als ein großer Stall von Dieben dar=
stellen würde; vergißt, daß man vielleicht selber auf des
Messers Schneide hinwandelt; ein Windhauch, ein lautes
Wort — und der stolze Gerechte stürzt hinunter von seiner
Höhe und gehört nun auf einmal selbst zu denen, auf
welche er vorher mit Fingern gedeutet hat. Das wird
nun freilich in der Hauptsache nie viel anders werden.
Diese Domäne, die Arbeit und Fürsorge für entlassene
Gefangene, wird die Welt allezeit ohne Händel und Eifer=
sucht jenen Menschen überlassen, die vom Geiste Jesu
Christi beseelt, die Gefangenen im Licht von Matth. 25, 36
ansehen. Für solche nun, die ihr Herz treibt, um Jesu
Christi willen etwas für die Gefangenen zu thun, er=
laube ich mir auf Grund meiner speziellen Erfahrungen
einige Winke zu geben, wie sie ihre Arbeit treiben müßten.

Eine Erinnerung muß ich noch vorausschicken, ehe
ich an die speziellen Ratschläge herantrete, nämlich diese:
Wer an Gefangenen oder Entlassenen arbeiten will, der
muß beides mitbringen: eine heilige Begeisterung, um
diese armen Menschenkinder und die Arbeit an ihnen in
idealem Lichte anzusehen und fortzumachen trotz aller
Enttäuschungen, und große Nüchternheit, um sich in Be=
ziehung auf den zu erwartenden Erfolg keinen Illusionen
hinzugeben. Vor allem dürfen wir uns nicht einbilden,
daß wir vereinzelte Menschen die großen Schäden unserer
Zeit heilen könnten. Die Reichspost hat einmal ein
Wort gebracht, das wird mir unvergeßlich bleiben: „Was
der Staat mit Kübeln ausschüttet, das soll die Mission
mit Kaffeelöffeln wieder holen." Würde der Staat und
würden unsere Gesetzgeber den Mut und die innere

Kraft haben, durch strenge Gesetze und durch strenge
Durchführung derselben die öffentlichen Schäden unseres
Volkslebens ernstlich anzufassen, würde man ernstlich an
Verminderung der unsinnigen Menge von Wirtshäusern
denken, auf dem Land und in der Stadt die Polizeistunde
wieder einführen, den Wirtshausbesuch der sonntagsschul-
pflichtigen Jugend, der in erschreckender Weise zunimmt
und zwar in der Art, daß Buben und Mädchen gemein-
sam das Wirtshaus besuchen, bestrafen, die Sonntags-
gesetze ernstlicher durchführen, so könnte viel Verführung,
Verbrechen und Elend verhindert werden. Solange das
alles nicht geschieht, bleibt für die Einzelnen und die
Vereine nur eines übrig, einzelne Menschenseelen aus dem
wilden Strome herauszuretten. Und auch das ist groß
und schön. Die Welt freilich zuckt höhnisch die Achseln
und sagt uns ziemlich laut, daß sie uns für Narren
halte, die Zeit und Geld hinauswerfen. Nun, unser
deutsches Volk giebt Jahr für Jahr 2000 Millionen aus
für Tabak und geistige Getränke, während 1000 Millionen vielleicht dem wirklichen Bedürfnisse genügen würden; wenn nun unter einer solchen Nation eine Anzahl
Menschen sich finden, die ihre Kraft und einen Teil ihres
Vermögens der Rettung verlorener Menschen weihen
wollen, sollte das wirklich Hohn und Spott verdienen?
Wenn der Herr Jesus sagt: „Was hülfe es den Menschen,
so er die ganze Welt gewänne und nähme doch Schaden
an seiner Seele, oder was kann der Mensch geben, daß
er seine Seele wieder löse?" (Matth. 16, 26), wenn ich
also meine eigene Seele so hoch taxieren darf, höher als
die ganze Welt, so wird es nicht ganz fehlgegriffen sein,
wenn wir auch fremde Seelen hoch taxieren und wenn
wir sicher darauf rechnen, daß die für solche Zwecke ver-
wendeten Mittel nicht verloren seien.

Nun aber gehe ich an die Winke und Ratschläge im einzelnen.

1. Die Fürsorge für entlassene Strafgefangene muß eigentlich anfangen, so lange die Gefangenen noch im Gefängnis sitzen, nämlich an den Angehörigen der Gefangenen. Ich habe schon so manchmal es erleben müssen, wie, während die Mutter gefangen ist, daheim alles zu Grunde geht. Die Kinder werden verwahrlost, der Mann wird verdrießlich, kommt immer mehr herunter, gerät entweder in Verzweiflung hinein und geht mit Selbstmordgedanken um, oder er kommt ans Trinken, verkauft und verfauft ein Stück der Haushaltung um das andere, hängt sich vielleicht an ein anderes Frauenzimmer; und wenn dann die arme Frau heimkommt, dann ist alles, alles dahin und verloren: Haushaltung und ehelicher Friede und das ganze Familienglück.

Hier also sollte die Fürsorge anfangen; namentlich ist es sehr erwünscht, wenn jemand nach den Kindern sehen und vielleicht auch sonst um die Haushaltung sich annehmen würde, daß nicht gerade alles zu Grunde geht. Und wenn dann die Frau heimkommt, dann gilt es, ihr unter die Arme zu greifen, ihr zur Arbeit zu helfen, Vorurteile zu zerstreuen, die Wege zu guten Häusern ihr zu bahnen und ihr zu helfen, die zerrüttete Haushaltung wieder aufzurichten.

2. Geben Sie womöglich nie Geldunterstützungen, sondern Lebensmittel, Kleider, Haushaltungsgegenstände; und auch dann, wenn Naturalien und Materialien gegeben werden, ist es gut, von Zeit zu Zeit sich zu überzeugen, ob diese Dinge auch richtig verwendet werden und nicht etwa ins Leihhaus wandern.

3. Ledige Personen sollten in einen Dienst gebracht werden, erst in zweiter Linie, wenn sich gar nichts ande-

res findet, ist an eine Fabrik zu denken. Da ist es nun besonders schwierig, den richtigen Platz herauszufinden. Nicht daß wir überhaupt gar keinen Dienst fänden. Bei der allgemeinen Dienstbotenkalamität wird es an Anträgen nicht fehlen. Aber häufig sind es Herrschaften, denen alles pädagogische Geschick fehlt, um so ein Mädchen richtig anzufassen und zu leiten. Namentlich wenn die Herrschaft es dem Mädchen täglich aufs Brot streicht, daß sie schon in Gotteszell gewesen sei, und was das für ein Opfer und eine That sei, eine solche Person überhaupt aufzunehmen, dann läuft das Mädchen natürlich möglichst bald davon. Am sichersten geht man, wenn man so ein Mädchen bei Stundenleuten unterbringt, und zwar deswegen, weil diese am ehesten ein Gefühl davon haben, daß man auch Gefallene wieder aufnehmen muß, und was nun das Wichtigste ist, weil unsere armen Mädchen an den Gliedern der Gemeinschaft eine Aufnahme und einen Halt finden, wie er ihnen sonst gar nirgends geboten wird. Auf alle Fälle ist vor Unterbringung in einem Dienst möglichst genaue Erkundigung notwendig, ob die Familie passend ist.

4. Für jeden einzelnen Pflegling, den der Verein in seine Fürsorge nimmt, sollte eine besondere Patronin aufgestellt werden, ähnlich wie der große hiesige Frauenverein für Kinder seine einzelnen Zöglinge an die verschiedenen Frauen des Vereins austeilt. Diese Patronin müßte es auf sich nehmen, nach dem Pflegling von Zeit zu Zeit zu sehen, ihn zu beraten, mit freundlicher Teilnahme auf seine Familienangelegenheiten einzugehen, wenn die Person nicht hier am Ort ist, sie brieflich zu beraten und den Zusammenhang mit ihr aufrecht zu erhalten, und das alles so, daß die Entlassene diese Fürsorge nicht als Last empfindet, sondern als ein Werk aufrichtiger Liebe.

Mit wirklicher warmer Liebe könnte man das Herz man=
ches armen Menschenkindes gewinnen, das sein Lebenlang
roh und unbarmherzig hin und her gestoßen worden ist.
Bei den Sitzungen des Vereins müßte es sehr zur
Belebung dienen, die Berichte über die einzelnen Pflege=
befohlenen oder auch ihre Briefe zu vernehmen. Ein
ganz besonderes Augenmerk wäre darauf zu richten, für
die Entlassenen den Weg in ihre Familie hinein wieder
zu bahnen, Aussöhnung mit der Familie anzustreben
oder wenn sie keine Familie hat oder die Familie selbst
nichts nütze ist, irgend welche ehrbaren Personen heraus=
zufinden, welche der Entlassenen in gesellschaftlicher Be=
ziehung nicht zu ferne stehen und welche sich bereit finden
lassen, sich der Entlassenen anzunehmen und ihr zur Auf=
nahme in ihren Bekanntenkreis zu helfen. Denn das
dürfen sich die verehrten Damen nicht verbergen: damit,
daß Sie in Ihrem Teil die Entlassene ankommen lassen
und sich ihrer annehmen, ist die Entlassene in den bür=
gerlichen Lebenskreisen, in welchen sie sich bewegen muß,
noch lange nicht restituiert. Das können eigentlich nur
solche Leute in stand bringen, die, wie ich sagte, in ge=
sellschaftlicher Beziehung nicht gar zu hoch über der Ent=
lassenen stehen.

5. Suchen Sie in Zusammenhang zu bleiben oder
zu kommen mit dem geordneten geistlichen Amt, treten
Sie also im einzelnen Fall in Beziehung mit dem Pa=
rochus der Entlassenen oder mit dem Vorstand der Stadt=
mission! Es wäre ferner wünschenswert, wenn eine Be=
ziehung hergestellt würde zwischen dem Verein einerseits
und der städtischen Ortsarmenbehörde andrerseits, und
endlich sollte auch ein Zusammenhang hergestellt werden
mit dem Bezirksverein für entlassene Strafgefangene.
Es dünkt mich ein Übelstand, wenn die einzelnen Ver=

eine oder Behörden ohne Zusammenhang und Fühlung mit einander den Hilfsbedürftigen ihre Fürsorge und Unterstützung zu teil werden lassen; da kommt an den einen zu viel, an den andern zu wenig. Der eigentliche Mittelpunkt, in welchem die verschiedenen Fäden zusammenlaufen, sollte ein für allemal der Geistliche sein; und ich halte es daher für höchst wünschenswert, daß der verehrliche Frauenverein sich nach einem geistlichen Vorstand umsieht, welcher zugleich in Beziehung stünde zu der Ortsarmenbehörde und mit dem Verein für entlassene Strafgefangene. Es wäre sehr erwünscht, wenn in jeder größeren Stadt ein Frauenverein zur Fürsorge für entlassene Strafgefangene sich bilden würde, oder noch besser, da ein besonderer Verein doch zu wenig Stoff haben würde, wenn irgend ein bereits bestehender Frauenverein (Missionsverein, Armenverein u. dgl.) neben seinem sonstigen Hauptzweck noch die Fürsorge für entlassene weibliche Strafgefangene zur Aufgabe sich stellen würde; ich bin herzlich gerne bereit, durch Vermittlung des etwaigen geistlichen Vorstandes oder auch direkt, mit solchen Vereinen in Beziehung zu treten, ihnen die Gefangenen zu bezeichnen, für welche Rat und Hilfe erwünscht wäre, und die nötigen Notizen mitzuteilen.

Und nun lassen Sie mich Ihnen zum Schluß noch das Wort mitgeben: Über alles aber ziehet an die Liebe, die da ist das Band der Vollkommenheit (Kol. 3, 14), die Liebe, welche alles träget, alles glaubet, alles hoffet, alles duldet und nicht müde wird. Verehrte christliche Freunde, Mitarbeiter und Mitarbeiterinnen im Weinberg des Herrn! Man kommt bei der Arbeit an Gefangenen und Entlassenen oft sehr in Gefahr müde zu werden. Oft wird man auf die raffinierteste Weise angelogen und betrogen, Güte und Wohlthat auf schändliche Weise mißbraucht,

es kommen einem Menschen unter die Hände, roh und
stumpf und wild, wie eine Bestie, und es gehört viel
dazu, auch diese Menschen mit Liebe anzublicken und anzufassen, sich von ihnen anlügen und für Narren halten
zu lassen und doch nicht müde zu werden und immer
wieder um diese verlorenen, verirrten und verwirrten
Herzen zu werben. Wer aber weiß, daß wir selber von
lauter Gnade und Erbarmung leben, und daß wir selber
auch unseres Gottes Güte oft mißbrauchen und seine
Geduld und Langmut tausendfältig auf die Probe setzen,
der lernt auch diesen armen Menschen gegenüber geduldig
sein, langmütig sein und warten. Lernen Sie warten,
verehrte Freunde! Warten ist eine der wichtigsten Künste,
die ein Christ zu lernen hat. Es ist eigentlich ungerecht,
zu verlangen, daß ein Mensch, der vielleicht 20, 30 Jahre
lang unter Menschen und in Verhältnissen gelebt hat,
wo sein Herz verknöchern mußte, ein Mensch, der sein
Lebenlang in den niedrigsten, gemeinsten Anschauungen,
Lüsten, Leidenschaften sich umgetrieben hat, nun auf Einen
Schlag ein anderer Mensch werden solle. Auch die Liebe,
die Sie ihm entgegenbringen, wird dieses Wunder nicht
vollbringen; auch da braucht's Zeit. Ein Eisblock, auch
wenn Sonnenstrahlen ihn anlächeln, er braucht eben auch
Zeit, bis er geschmolzen ist. Aber endlich schmilzt er doch.
Ich kenne eine Frau, die ist viele Jahre lang in allen
Zuchthäusern herumgekommen, in Markgröningen, von
Markgröningen nach Heilbronn, von Heilbronn nach
Gotteszell. Lang arbeitete der Geist Gottes an ihr.
Wo sie ungesehen es thun konnte, kniete sie nieder und
betete um Errettung aus den Banden der Sünde. Und
doch kam sie wieder und immer wieder in die Straf-
anstalt. Vier- oder fünfmal wurde sie rückfällig. End-
lich kam sie hier in Stuttgart in eine Familie als Magd,

und diese Familie nahm sich ernstlich und mit viel Geduld ihrer an und bot ihr die Hand, und so kam sie heraus aus dem Strudel. Später wurde sie angestellt an einer Kleinkinderbewahranstalt in einer anderen Stadt, dann Privatkrankenpflegerin; als solche hat sie ein älterer Herr, ein vermöglicher Kaufmann kennen und um ihres frommen Sinnes willen schätzen und lieben gelernt, und begehrte sie zur Frau; und nachdem sie ihn bis zu seinem Tode gepflegt, ist sie nun die Erbin eines nicht unbedeutenden Vermögens geworden und steht in allgemeiner Achtung.

Und so wollen wir trotz mancher schmerzlichen Erfahrungen doch nicht müde werden. Wir wollen sprechen mit Petrus: „Herr, wir haben die ganze Nacht gefischt und nichts gefangen, aber auf dein Wort will ich das Netz doch wieder auswerfen" und weitermachen im Glauben an unseres Gottes Wort: Das Warten der Gerechten wird Freude werden (Spr. 10, 28) und abermals: Hoffnung lässet nicht zu Schanden werden (Röm. 5, 5), und so oft es uns sauer werden will, um die spröden, trotzigen Menschengeister zu werben, so wollen wir uns sagen: es ist eben doch der Mühe wert. Denn

Eine schöne Menschenseele finden
ist Gewinn; ein schönerer Gewinn ist
sie erhalten; und der schönste und schwerste:
sie, die schon verloren war, zu retten.

Im Verlag der **Buchhandlung** der **Evang. Gesellschaft** in **Stuttgart**, Färberstr. 2, ist ferner erschienen:

**Völker, Chr. u. Benzinger**, Geistliche Lieder mit Melodien (177), zu gemeinschaftlicher Erbauung. Für gemischten Chor eingerichtet; 8. vermehrte Aufl. ll. 8⁰. brosch. 1 ℳ 40 ₰, Lwb. 2 ℳ, Eleg. Lwb. mit Goldschn. 2 ℳ 80 ₰.

**Francke, Aug. Hermann**, Ein Lebensbild. Geh. 35 ₰.

**Frommel, Max**, Des Christen Hemmung lauter Förderung. Ein Pilgerwort über die drei Gefängnisse Pauli. 2. Aufl. Geh. 15 ₰. 10 Ex. à 12 ₰.

— — Die Schönheit der heiligen Jugend Jesu. Ein Wort an die Jugend, die wachsen will, und an die Erwachsenen, die jung bleiben wollen. 2. Aufl. Geh. 15 ₰. 10 Ex. à 12 ₰.

— — Die Macht des Glaubens im Leben des Propheten Daniel. Ein Bild zum Vorbild. 2. Aufl. Geh. 15 ₰. 10 Ex. à 12 ₰.

— — Göttlicher Unterricht über den Umgang mit Menschen. Apostol. Winke. 2. Aufl. Geh. 15 ₰. 10 Ex. à 12 ₰.

— — Christus unser einiger Weg zum Vater. Ein Pilgerwort über Joh. 14, 6. 15 ₰. 10 Ex. à 12 ₰.

**Francke, H.**, Wozu ist der Mensch in der Welt? 4. Aufl. 30 ₰.

**Häusliches Erbauungsbuch**, enthaltend Gebete auf 12 Wochen, auf alle Fest= u. Feiertage, wie auch für besondere Fälle des Lebens in Freud u. Leid, von Roos, Storr, Arnold, Bengel, Bogatzky u. A.; 11. Aufl., ll. 8⁰. brosch. 85 ₰, Ppbd. 1 ℳ 20 ₰, mit gepr. Decke 1 ℳ 40 ₰ Hlbfzbd. 1 ℳ 60 ₰. Glbsch. 2 ℳ.

**Hiller, M. Phil. Fried.**, Geistliches Liederkästlein zum Lobe Gottes; enth. zweimal 366 Bibelsprüche mit ebenso vielen Liedern nebst Hillers Morgen= und Abend=Andachten nach dem Vater Unser. ll. 8⁰. schöner Druck: brosch. 1 ℳ 30 ₰, R. u. Ed 1 ℳ 85 ₰, Hlbfzbd. 2 ℳ, Saffianleder m. Goldschn. 3 ℳ 30 ₰.

**Hofacker, Wilh.**, (weil. Diakonus) Predigten für alle Sonn= und Festtage, mit dem Bildnis des Verfassers. gr. 8⁰. 3. Aufl. brosch. 2 ℳ 80 ₰. Hlbfzbd. m. Futt. 3 ℳ 80 ₰. Saffian m. Glbsch. 5 ℳ 60.

**Kapff, D. C. H.**, Prälat. Des Arbeiters Würde und Bürde, Rechte und Pflichten, Sonntag und Werktag, Glaube, Hoffnung und Gebet. 3. Aufl. brosch. 35 ₰.

**Laudenberger, Albert**, Joseph Schaitberger. 12⁰. 64 Seit. kart. 40 ₰.

**Vergißmeinnicht**, christliches: Bibelspruch und Liedervers auf jeden Tag; 64⁰. 22. Aufl. einfach gebunden 80 ₰, in gepreßtem Leder oder Leinwand mit Goldschnitt 1 ℳ.

— — Illustrierte Ausgabe mit 6 feinen Blumenkarten, Lwb. mit Goldschn. 1 ℳ 50 ₰, fein Saffianband mit Goldschn. u. Futt. 2 ℳ.

**Wettbrecht, H.**, Stabsdekan, Deutschlands Kampf gegen Frankreich 1870—71. Dritte Auflage. 8⁰. 96 Seiten mit Titelbild u. 42 Holzschnitten. Geh. 40 ₰.